Inhalt

Kollaboratives Controlling - Controlling von Unternehmensnetzwerken folgt anderen Spielregeln als das traditionelle Controlling

Kernthesen

Beitrag

Fallbeispiele

Weiterführende Literatur

Impressum

Kollaboratives Controlling - Controlling von Unternehmensnetzwerke folgt anderen Spielregeln als das traditionelle Controlling

M.Westphal

Kernthesen

- Der Wettbewerb verlagert sich von der Absatzseite hinein in die Wertschöpfungsketten.
- Insbesondere in der Automobilindustrie

haben sich bereits hochkomplexe, dynamische Netzwerksysteme zwischen den verschiedensten beteiligten Unternehmen herausgebildet.
- Das Netzwerkmanagement muss durch ein an den spezifischen Anforderungen von Netzwerken orientiertes Controlling unterstützt werden.

Beitrag

Die Wettbewerbslandschaft ändert sich. Unternehmen konkurrieren nicht mehr nur auf der Absatzseite, sondern auch entlang ihrer Wertschöpfungsstrukturen.

Die Automobilindustrie lagert steigende Wertschöpfungsanteile aus

Gerade die Automobilindustrie entwickelt sich als Vorreiter bei der Bildung teilweise hochkomplexer Netzwerke. Nicht nur die Hersteller bedienen sich zahlreicher Zulieferer, sondern auch die Zulieferer nutzen wiederum in weiteren Stufen die Hilfe von Partnern. (1)

In den 80er Jahren war die Automobilindustrie durch eine hohe Wertschöpfungstiefe gekennzeichnet. Es dominierte die unternehmensinterne Integration von Wertschöpfungsprozessen. In den 90er Jahren befasste man sich dann mit der Prozesskoordination im internen Netzwerk sowie einer engen Einbindung einzelner Zulieferer. Die zunehmende Nutzung von Netzwerkpartnern führte im Weiteren dazu, dass externe Unternehmen ausschließlich mit Koordinationsfunktionen (wie z. B. Entwicklungsdienstleister) beauftragt wurden. Inzwischen fokussieren die Unternehmen sich, aufgrund der Tendenz zu zunehmender Externalisierung von Wertschöpfungsstufen, auf eine unternehmensübergreifende Koordination der Tätigkeiten der unterschiedlichen Netzwerkpartner. So beträgt der Wertschöpfungsanteil zwischen dem Hersteller und seinen Zulieferern in der Automobilindustrie heute etwa 65 Prozent und es wird erwartet, dass dieser bis zum Jahre 2010 auf 75 Prozent steigen dürfte. (1), (6)

Die Bedeutung von Unternehmensnetzwerken nimmt zu

Um Kosten zu sparen, fokussieren sich immer mehr Unternehmen auf ihre Kernkompetenzen und schließen sich mit Netzwerkpartnern zusammen, um die gesamte Wertschöpfungskette abzudecken. Damit nimmt aber auch die Komplexität zu. (1)
Die abnehmende Fertigungstiefe, verbunden mit der damit einhergehenden Übertragung von Verantwortlichkeiten auf Zulieferer führt zu komplexen, hierarchischen Lieferantennetzwerken und der Herausforderung, diese als ganzheitliche Systeme zu managen. Das Ziel des Netzwerkmanagements besteht insgesamt aus einer (meist operativen) Optimierung der gesamten Wertschöpfungskette im Sinne eines integrativen Supply Chain Managements. (9)
Das Management dieser Netzwerke wird in Zukunft eine Kernkompetenz für das das Endprodukt vertreibende Unternehmen darstellen. (1)
Die Herausforderung im Netzwerkmanagement liegt in der komplexen Realisierung von Leistungs-, Rationalisierungs- und Kostensenkungspotentialen zusammen mit allen Netzwerkpartnern.
Wesentliche Problemfelder liegen in:
- Unzureichender Etablierung von unternehmensübergreifendem Vertrauen
- Keine Kongruenz der zentralen Werte der gemeinsamen Partnerschaft
- Fehlende Visionen und Motivation aufgrund nicht-kompatibler Führungsstile der Netzwerkpartner

- Netzwerke benötigen in besonderem Maße Sozialkompetenzen wie Konfliktlösungs-, Lern- und Führungsfähigkeiten, die häufig nicht entsprechend ausgeprägt sind
- Mangelhafte Ausgestaltung der Informations- und Kommunikationstechnik im Netzwerk

(1)

Das Management dieser dynamischen und interdependenten Unternehmensnetzwerke bedarf einem Controlling, welches sich spezifischer neuer oder weiterentwickelter Controllingansätze bedient. In Unternehmensnetzwerken muss das Controlling das Netzwerkmanagement unterstützen. Es soll die zielorientierte Gestaltung der unternehmensübergreifenden Zusammenarbeit sicherstellen und dabei die Planung, Steuerung und Kontrolle der komplexen, multilateralen und interdependenten Geschäftsprozesse wahrnehmen. Dabei verließ man sich in den letzten Jahren vor allem auf den verstärkten Einsatz technischer Komponenten wie E-Commerce oder Internet. Allerdings muss das Controlling deutlich weiter gehen, um die spezifischen Anforderungen der Zusammenarbeit innerhalb der Netzwerke nachhaltig zu unterstützen. (1)

Probleme aus unternehmensübergreifenden Projekten werden meistens in unzureichender Klärung der gemeinsamen Ziele und einer unzureichenden Projektsteuerung identifiziert. Daraus resultieren dann unnötige Reibungsverluste sowie Termin- und Kostenüberschreitungen. (6)

Worin unterscheidet sich kollaboratives von einfachem Controlling?

Die Besonderheit des Controllings von Unternehmensnetzwerken besteht darin, über die traditionellen, durch das Controlling beantworteten Fragestellungen hinaus, die netzwerkrelevanten Schnittstellen zwischen den Unternehmen im Hinblick auf Prozessqualität zu überwachen.
- Gewährleistung der Flexibilität des Netzwerks in Bezug auf notwendige strukturelle und prozessuale Modifikationen
- Identifikation von Fehlentwicklungen innerhalb des Netzwerks inklusive der Anbahnung von entsprechenden Gegenmaßnahmen
- Koordination, Überwachung und Optimierung der gemeinsamen Gesamt-Prozesse inklusive des dabei möglichen Konfliktmanagements
- Integration und Koordination aller Netzwerkpartner
- Kompatibilität der Führungssysteme
- Schaffung von Grundlagen für vertrauensvolle Netzwerkkommunikation

- Einheitliches Informationssystem
(1), (9)

Das Netzwerkcontrolling muss spezifische Aufgabenfelder adressieren:

Auftragscontrolling:

- Abbildung eines Auftrages über die komplette Wertschöpfungskette und damit alle Netzwerkpartner hinweg, inklusive der gemeinsamen Zielsetzung

Erfolgscontrolling:

- Definition gemeinsamer Ziele und Messung des Zielerreichungsgrades über das gesamte Netzwerk hinweg.

Aktionscontrolling:

- Abstimmung bzw. Koordination der Netzwerkaktivitäten zur Vermeidung von Ressourcenverschwendung

Partnercontrolling:

- Strategisch-partnerschaftliche Verbindungen innerhalb der Netzwerke müssen in allen Phasen des Lebenszyklus eines Netzwerks auf die Qualität der Beziehung hin untersucht werden.(1)
Diese Ausführungen weisen schon auf den wesentlichen Unterschied eines Controllings von geschäftlich miteinander verbundenen Unternehmen: Es muss eine ganzheitlich-integrative Perspektive unter Berücksichtigung von Besonderheiten der Interaktionsbeziehungen von Herstellern sowie Zulieferern und den spezifischen netzwerkbezogenen Kennzahlen durchgeführt werden.
Als geeignetes Instrument bietet sich hierfür eine spezifische Ausgestaltung der Balanced Scorecard an. Dieses mehrdimensionale Managementtool kann die Wirkungen der Interaktionsbeziehungen wie auch die Zielerfüllung des gesamten Netzwerks überwachen. Die Möglichkeit der Integration qualitativer Faktoren ermöglicht darüber hinaus die Berücksichtigungen des Faktors Beziehungsmanagement abzubilden.
Die in der Netzwerk-Balanced Scorecard zu integrierenden Perspektiven sind:
- Finanzperspektive
- Kundenperspektive
- Prozessperspektive (unternehmensübergreifende Prozesse)
- Beziehungsperspektive (Management der Netzwerkbeziehungen)
(1)

Wie kann kollaboratives Controlling funktionieren?

Collaborative Controlling stellt eine neue Entwicklungsstufe zur Realisierung des doch recht idealisierten aber praxisfremden Anspruchs des Supply Chain Controllings dar. Dieser Ansatz isoliert und betrachtet nur die direkten Lieferanten- und Dienstleisterbeziehungen und damit nur die unmittelbar vor- und nachgelagerte Wertschöpfungsstufe. Um das gesamte Potential zu realisieren, muss das Collaborative Controlling aber auch gemeinsam implementiert und umgesetzt werden. Die jeweiligen Messgrößen müssen gemeinsam, inklusive der Einigung auf entsprechende zulässige Zielkorridore, vereinbart werden. (11)
Ein mögliches Instrument zur Steuerung gemeinsamer unternehmensübergreifender Projekte ist eine so genannte Collaborative Project Scorecard. Jedes beteiligte Unternehmen erstellt hierbei im ersten Schritt eine Project Scorecard, die dann mit den Partnern abgestimmt wird und zu einer Collaborative Project Scorecard zusammengefasst wird. In dieser werden die Projektziele in vier Dimensionen abgebildet
- Projektergebnisse

- Prozesse
- Zusammenarbeit
- Potentiale.

Wichtig für ein erfolgreiches Zusammenarbeiten ist aber der Wille zu offenem Dialog, um gemeinsame, konkrete und verbindliche Ziele zu vereinbaren. Eine solche Collaborative Project Scorecard ermöglicht eine hohe Transparenz der Ziele, um so auch zu einer verbesserten Zusammenarbeit und einem offenen Austausch der Partner untereinander zu gelangen. Es werden für ein gemeinsames Projekt relevante Erfolgsfaktoren in diesen nicht nur monetären Dimensionen (anlehnend an dem Konzept der Balanced Scorecard) gemessen. (6), (10)

Welche Instrumente können das Netzwerkcontrolling unterstützen?

IT-basierte Tools können zu einer besseren und zielgerichteteren Koordination der Netzwerkpartner untereinander beitragen. So können Brüche in der Lieferkette bei Produktionsunternehmen durch Vendor-Management-Inventory(VMI)-Systeme gesteuert werden.
Der Lieferant übernimmt hierbei die Steuerung des

Kundenlagers. Ihm sind Bestandsmaximum- und minimumgrenzen vorgegeben. Gerade für B- und C-Teile eignet sich ein solches Verfahren optimal. Idealerweise sollten die Teile auch in losgrößenunabhängigen Stückzahlen gefertigt werden können. Weitere Optimierungspotentiale können sich ergeben, wenn das Kundenlager noch gleichzeitig als Konsignationslager vom Lieferanten eingerichtet ist. In diesem Falle könnten die Sicherheitsbestände von Kunden und Lieferanten zusammengeführt und damit praktisch halbiert werden. (5)
Neben diesen VMI-Systemen bieten sich aber auch unternehmensübergreifende, prozessorientierte Groupware-Systeme zur Kommunikation und Kollaboration auf Mitarbeiterebene wie auch elektronische Kataloge an. (9)
Elektronische Kataloge stellen ein relativ neues Instrument dar, welches die kollaborative Planung, sei es unternehmensübergreifend oder in anderen Formen von virtuellen Netzwerken sicherstellen kann. Immer noch sind E-Mail und andere Internet-basierte Basistechnologien in der Kommunikation vorherrschend, auch wenn es gerade für komplexe Prozesse der Zusammenarbeit sehr gute interoperable Lösungen wie z. B. Content Management Systeme gibt. Allerdings fehlen häufig geeignete Nutzungsmodelle für ihren Einsatz. Dazu müssen z. B. auch die Daten konsistent und durchgängig definiert

werden.

Der Einsatz netzwerkübergreifender Informations- und Kommunikationssysteme unterstützt die Zusammenarbeit aller an einem Prozess beteiligten Personen in hohem Maße.

In der Anlagenplanung können elektronische Kataloge eine konsistente Verwaltung aller relevanten Daten und Modelle ermöglichen. Prozessplanung, Layoutplanung und Visualisierung wie auch Simulation können durchgeführt werden. Damit kann der kollaborative Planungsprozess durch gemeinsames Vorliegen aller möglichen Daten und Strukturen wie auch zeitdynamischen oder visuellen Aspekte effizient gesteuert werden. (12)

Ausblick

Die Virtualisierung von Unternehmen wird in Zukunft noch weiter voran schreiten. Grund hierfür sind die technischen Möglichkeiten, die es ermöglichen, mittels Hologrammen und damit nahezu wie in der Realität miteinander zu kommunizieren. Die inzwischen schon vorhandenen Bandbreiten der Kommunikationskanäle sowie der Ausblick auf das was in wenigen Jahren möglich sein wird, wird auch dazu führen, dass innerhalb eines Unternehmens die Virtualität zunehmen wird. Die jetzt einzuführenden Controlling-Tools für Unternehmensnetzwerke werden dann weiterentwickelt werden müssen für eine komplett virtuelle und häufig zunehmend projektbasierte Unternehmenswelt. (4)

Fallbeispiele

Das Hauptmotto des Landmaschinenherstellers Claas für die Zusammenarbeit mit seinen Netzwerkpartner besteht nicht darin, die Kosten zu drücken, bis es schmerzt, sondern durch gemeinsame Wertschöpfung gemeinsam zu wachsen.
Claas ist hier in der Vergangenheit den Weg gegangen, die Anzahl der Partner auf eine Lieferantenelite zu reduzieren. Das bedingt für die Lieferanten, dass sie sich voll und ganz in den Produktentwicklungsprozess integrieren. (3)
Auch die Wittenstein AG arbeitet mit einem kleinen Hochleistungsnetzwerk, welches beim Unternehmen selbst wie auch seinen Netzwerkpartnern messbare Geschäftserfolge in Form von Umsatz- und Gewinnsteigerungen generieren soll. Im Fokus steht dabei Schnelligkeit wie auch Agilität durch gezielte Integration von kleineren und mittleren

Unternehmen, die in dieses Netzwerk passen. Die Partner werden nicht nur nach ihren fachlichen und technologischen Kompetenzen ausgewählt. Auch müssen sie in Bezug auf weiche Faktoren wie gleiche Werte und Kulturen passen, um eine nachhaltige Wertschöpfungspartnerschaft realisieren zu können. (7)

Weiterführende Literatur

(1) Wente, Martina, Controlling von Unternehmensnetzwerken in der Automobilindustrie, Controlling, Heft 4/5 2008, S. 227 235
aus Zeitschrift für Personalforschung (ISSN 0179-6437). 22. Jg., Heft 1, 2008, S. 58-82

(2) Vorsicht geboten
aus Frankfurter Allgemeine Zeitung, 16.04.2008, Nr. 89, S. B4

(3) Gemeinsam wachsen
aus acquisa, Vol. 55, Heft 04/2008, S. 42-45

(4) Carvel, John, Wave goodbye to the nine to five, and say hello to virtual enterprise: future of work: Executives predict exodus from traditional workplace to more home-working, The Guardian, 14.03.2008, S. 9
aus acquisa, Vol. 55, Heft 04/2008, S. 42-45

(5) Freie Hand für Lieferanten

aus DVZ, Nr. BLOD vom 04.03.2008

(6) Die Collaborative Project Scorecard (CPS) als zentrales Tool zur Steuerung unternehmensübergreifender Projekte
aus projektMANAGEMENT aktuell, Heft 2/2008, S. 11-16

(7) Lieferantenmanagement bei Wittenstein Feines Netzwerk
aus BA Beschaffung aktuell, Heft 2, 2008, S. 36

(8) Straube, Frank / Beckmann, Thomas, Kernelemente eines ganzheitlichen Lieferantenmanagments, WiSt Wirtschaftswissenschaftliches Studium, Heft 2/2008, S. 104 106
aus BA Beschaffung aktuell, Heft 2, 2008, S. 36

(9) Konzepte des Beziehungsmanagements am Beispiel von Supplier und Customer Relationships
aus HMD - Praxis der Wirtschaftsinformatik, Heft 259/2008, S. 7-20

(10) Wildemann, Horst, Herausforderungen an Entwicklungspartnerschaften in der Automobilindustrie, Controlling, Heft 4/5 2008, S. 193 199
aus HMD - Praxis der Wirtschaftsinformatik, Heft 259/2008, S. 7-20

(11) Göpfert, Ingrid / Grünert, Marc, Collaborative

Controlling in der Automobilindustrie, Controlling,
Heft 4/5 2008, S. 211 218
aus HMD - Praxis der Wirtschaftsinformatik, Heft
259/2008, S. 7-20

(12) Effektiver Einsatz Elektronischer Kataloge in der
Anlagenplanung
aus Zeitschrift für wirtschaftlichen Fabrikbetrieb,
Heft 1-2/2008, S. 71-75

Impressum

Kollaboratives Controlling - Controlling von Unternehmensnetzwerken folgt anderen Spielregeln als das traditionelle Controlling

Bibliografische Information der deutschen Nationalbibliothek

Die Deutsche Nationalbibliothek verzeichnet diese Publikation in der deutschen Nationalbibliografie; detaillierte bibliografische Daten sind im Internet über http://dnb.d-nb.de abrufbar.

ISBN: 978-3-7379-0057-7

© 2015 GBI-Genios Deutsche Wirtschaftsdatenbank GmbH, Freischützstraße 96, 81927 München, www.genios.de

Alle Rechte vorbehalten. Dieses Werk ist einschließlich aller seiner Teile – z.B. Texte, Tabellen und Grafiken - urheberrechtlich geschützt. Jede Verwertung außerhalb der Grenzen des Urheberrechtsgesetzes bedarf der vorherigen

Zustimmung des Verlags. Dies gilt insbesondere auch für auszugsweise Nachdrucke, fotomechanische Vervielfältigungen (Fotokopie/Mikroskopie), Übersetzungen, Auswertungen durch Datenbanken oder ähnliche Einrichtungen und die Einspeicherung und Verarbeitung in elektronischen Systemen.